ENSSLINs
KLEINE NATU

BLÜTEN UND GRÄSER TROCKNEN

James Gourier

Illustrationen von Corine Delétraz
und Rita Lüder

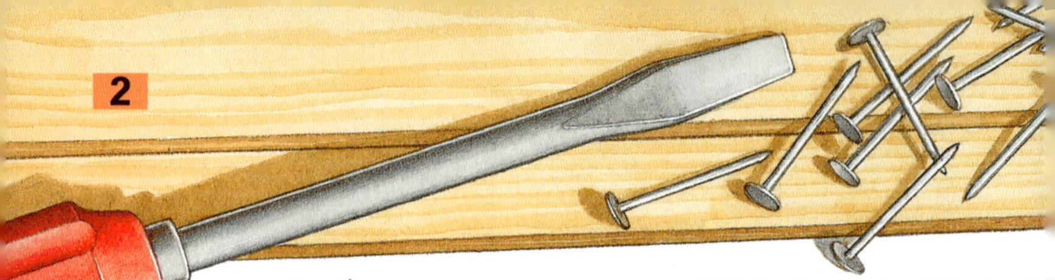

So nutzt du dieses Buch

Diesen Ratgeber kannst du immer bei dir haben: Er ist so klein und handlich, dass er in deine Tasche oder in deinen Rucksack passt.

In diesem Naturführer lernst du, wie man ein Herbarium oder auch eine Rindensammlung anlegt. Du findest Anregungen, wie du dein Zimmer mit Pflanzen dekorieren und duftende Potpourris herstellen kannst.

Auf deine Ausflüge und Erkundungstouren kannst du auch andere »ENSSLINS KLEINE NATURFÜHRER« mitnehmen, die dir bei der Bestimmung der wichtigsten Pflanzen helfen, zum Beispiel:

- *Feld- und Wiesenblumen*
- *Bäume Europas*

- **Angaben** zu Blatt und Blüte, Eigenschaften und besonderen Merkmalen
- **Blütezeit**

Inhalt

Zu jeder Pflanze werden mehrere Merkmale angegeben, denn nur über die vollständige Beschreibung kannst du eine Pflanze zuverlässig bestimmen und erkennen. Du findest also folgende Angaben:

- Deutscher **Gattungsname**
- **Höhe** der bezeichneten Pflanze in Metern (m) oder Zentimetern (cm)

Veilchen

Diese empfindliche Pflanze ist ein Frühlingsbote. Der Eingang zur Veilchenblüte ist von schmalen Streifen überzogen, die als »Lande-bahn« für Insekten dienen. Während das wilde Veil-chen kaum riecht, duften die verschiedenen Zucht-formen sehr schön.

Blüht im Frühjahr.

Veilchen
← 20 cm →

Manchmal findest du ...

- ... weitere Kennzeichen, zum Beispiel zu Silhouette, Knospen, Zweigen oder zum Aussehen der Rinde, sofern sie für die Pflanze charakteristisch sind.
- ... eventuell andere nützliche Hinweise, zum Beispiel ob man die Pflanze für Potpourris verwenden oder selbst ziehen kann.

Sammeln und bestimmen

Bevor du eine Pflanze pflückst, vergewissere dich, ob sie nicht unter Naturschutz steht. Wenn du dein Musterexemplar gepflückt hast, solltest du es in eine Dose legen, damit es beim Transport nicht beschädigt wird.

Pflanzen bestimmen

Um eine Pflanze mit Sicherheit richtig zu bestimmen, solltest du ein Fachbuch über die Flora zu Rate ziehen.

Glaubst du den Namen der Pflanze zu kennen, überprüfe und vergleiche alle Angaben.

Wenn du den Namen nicht kennst, gibt es drei Möglichkeiten:

- Lies die Beschreibung der Pflanze im Fachbuch aufmerksam durch und stelle fest, ob es sich um die Pflanze handelt, die du gefunden hast.
- Vergleiche dein unbekanntes Exemplar mit den Fotos oder Illustrationen im Fachbuch.
- Wende dich an einen Experten.

10 Tipps für eine gute Ernte

❶ Bestimme die Pflanze, bevor du sie pflückst.

❷ Nimm niemals eine Pflanze, die du an dieser Stelle nur einmal siehst.

❸ Du brauchst nicht immer das größte Exemplar.

❹ Normalerweise genügt ein einziges Exemplar!

❺ Sammle deine Pflanzen gegen Mittag, wenn sie nicht mehr mit Tau bedeckt sind.

❻ Nimm keine Pflanzen ohne Erlaubnis aus Parks oder privaten Anlagen.

❼ Pflücke keine Pflanzen, die angebaut wurden.

❽ Man sollte möglichst Pflanzen am Straßenrand oder an Zäunen nehmen, weil sie meist sowieso abgemäht werden.

❾ Um einen Zweig von einem Baum oder Busch abzuschneiden, benütze am besten eine Baumschere. Achtung, pass auf, dass du dir nicht wehtust!

❿ Schüttle die Pflanze gründlich aus, damit eventuell vorhandene kleine Tiere herausfallen. Aber nicht zu grob, damit du die Pflanze nicht verletzt!

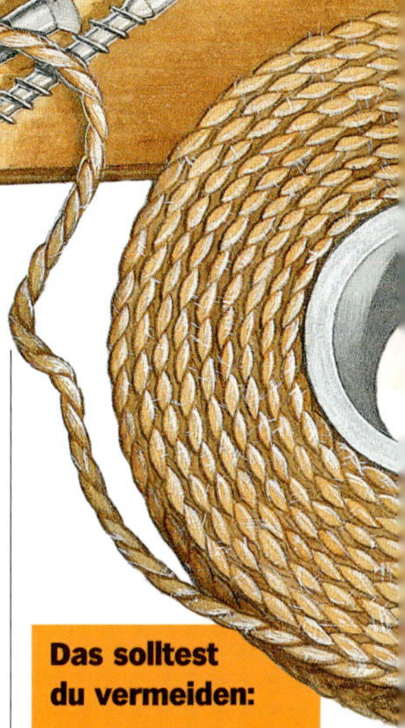

Präsentieren und konservieren

Bei einem schönen Herbarium spielt die Präsentation eine wichtige Rolle. Sieh zu, dass du die Pflanzen, Samen usw. hübsch anordnest und richtig aufklebst. Nicht vergessen: die sorgfältige Beschriftung!

Das Aufkleben

Am besten verwendest du kleine beidseitig gummierte Papierstreifen oder Doppelklebeband: Die eine Seite haftet am Papier, auf die andere klebst du Blätter und Stängel.

Samen

Fülle sie in durchsichtige Plastiktütchen, die du direkt auf dem Papier befestigen kannst.

Zweige

Wenn du mit Nadel und Faden umgehen kannst, näh die Zweige direkt aufs Papier. Bei Bäumen und Büschen, die im Herbst ihre Blätter verlieren, ist es auch interessant, einen »Winterzweig« zu präsentieren.

Vorschlag für eine Tafel im Herbarium

Deutscher Name: **Klatschmohn**

Botanische Bezeichnung: **Papaver rhoeas**

Familie: **Papaveraceae** oder **Mohngewächse**

Pflückdatum: 15.07.02

Standort: **In der Nähe von Susis Haus**

Das solltest du vermeiden:

- Transparente selbstklebende Folie, weil sich darunter Staub, Pollen und Pflanzenreste sammeln.
- Transparenter Klebefilm, der mit der Zeit vergilbt und brüchig wird.
- Klebstoff aus der Tube, der den Pflanzen die Farbe nimmt und sie hart macht.

Aufbewahrung

Verstaue die Tafeln deines Herbariums flach, vor Licht und Feuchtigkeit geschützt in Sammelmappen, am besten in einer Schublade. Behandle sie zweimal im Jahr gegen Insekten.

Manche Trockentechniken sind geeignet für

- Blumendekoration
- Herbarien und gepresste Blumen

Trockentechniken

Sobald du mit deiner Pflanzenausbeute nach Hause kommst, solltest du mit dem Trocknen beginnen. Die Pflanzen müssen gut getrocknet werden, damit sie sich besser halten. Es gibt verschiedene Methoden – je nach Pflanze und Verwendungszweck.

Trocknen in Sand

Verteile eine erste Lage feinen, sauberen und vollkommen trockenen Sand auf dem Boden einer luftdicht verschließbaren Dose. Lege die Blüten ohne Stiel mit dem »Gesicht« nach oben darauf und bedecke sie vorsichtig mit Sand. Verschließe die Dose. So, nun brauchst du 2 oder 3 Tage Geduld ...

▼

Trocknen mit Glyzerin

Schneide die Stiele unten mit einer Rosenschere schräg ab. Stelle sie mindestens eine Woche in ein Gefäß mit einer Mischung aus 1 Teil Glyzerin und 2 Teilen warmem Wasser. Der Trockenprozess ist abgeschlossen, sobald die Pflanze ihre Farbe geändert hat.

▼

Trocknen mit wenig Wasser

Es genügt, die Stiele in einen Behälter mit wenig Wasser zu stellen und mehrere Wochen zu warten. Diese Technik eignet sich besonders für Hortensien, Mimosen, Erika und Rosen. Vorteil: Die Pflanzen werden dabei nicht hart.

▼

Trocknen an der Luft ▲

Blumen »kopfüber« an einem dunklen, trockenen Ort aufhängen.

Trocknen mit der Blumenpresse

❶ *Zuerst breitest du die Pflanze flach unter einem Plexiglas aus. Dabei kannst du feststellen, ob wirklich alle Teile der Pflanze hübsch auseinander gefaltet sind.*

❷ *Dann legst du sie vorsichtig zwischen zwei Lagen Löschpapier. Damit dickere Zweige nicht die anderen Pflanzen verformen, schiebst du ein Stück Pappkarton zwischen die einzelnen Schichten.*

❸ *Damit das »Sandwich« perfekt ist, brauchst du zwei stabile Holzbretter. Schrauben oder kleine Schraubzwingen pressen das Ganze zusammen.*

Das Löschpapier solltest du am Anfang alle paar Tage wechseln – später nicht mehr so oft –, bis die Pflanzen vollkommen trocken sind.

Trocknen mit dem Bügeleisen

Die Pflanze einfach zwischen zwei Blätter Löschpapier legen und bügeln – aber nicht zu fest drücken! Das ist eine schnelle Trockenmethode, bei der manche Pflanzen allerdings trocken und spröde werden. Nach dem Bügeln legst du die Pflanze 2 oder 3 Tage unter schwere Bücher, damit sie sich nicht verformt.

Trocknen in der Mikrowelle

Gib die Pflanze mit einem Glas Wasser bei höchster Einstellung für 2 bis 4 Minuten in die Mikrowelle. Je nachdem, wofür die Pflanze bestimmt ist, wählst du zwischen zwei Methoden:

- Sie liegt zwischen zwei Tellern auf einem Löschpapier.

Eine Tabelle mit geeigneten Trockenmethoden für einzelne Pflanzen findest du auf Seite 31.

Flechten

Flechten sind eine Mischung aus Alge und Pilz. Es gibt sehr viele verschiedene Arten von Flechten. Sie trocknen von allein und behalten dabei meist ihre Originalfarbe.
Das Schwierigste ist, sie von ihrem Platz zu entfernen, ohne sie zu beschädigen.

Flechten kann man das ganze Jahr über sammeln.

Pflanzen sammeln ... in der Stadt

Nur weil du in der Stadt wohnst, heißt das nicht, dass du kein Herbarium anlegen kannst. Im Gegenteil! Sieh dich auf dem Schulhof um, schau dir die Mauern an, die Straßen, Parks und Gärten: Du wirst dich wundern, welchen Pflanzenreichtum du dort findest.

Ahorn

Von Hamburg bis München bestimmt dieser Baum das Stadtbild. Damit du ihn nicht mit einer Platane verwechselst, schau dir die Blattstellung an: Beim Ahorn sind die Blätter nicht wechselständig angeordnet.

Im Sommer belaubt, Früchte im Herbst.

Efeu

Diese Kletterpflanze kann bis zu 30 Meter hoch klettern, indem sie sich mit ihren Haftwurzeln festklammert. Anders als wilder Wein, der ebenfalls an Mauern emporrankt, verliert Efeu seine Blätter im Winter nicht.

Vorsicht, die Früchte des Efeus sind giftig!

Schafgarbe

Mit ihren hübschen Blüten ist sie viel mehr als ein Wildkraut. Da sie oft auf unbebauten Grundstücken oder Schuttplätzen vorkommt, ist sie leicht zu finden.

Blüht den ganzen Sommer.

… auf der Wiese

Auf dem Land braucht man sich nur zu bücken, um Blumen, Kräuter oder Blätter von Büschen zu finden. In Hecken und an Böschungen, in Gräben, am Wiesenrand und an Feldwegen lassen sich viele Entdeckungen machen.

Mohn

Die bekannteste Mohnart ist der Klatschmohn *(Papaver rhoeas)*. Seine empfindlichen Blüten blühen nicht lange. Die kapselartigen Früchte enthalten Tausende winziger Samen.

Blüte im Sommer, Früchte im Herbst.

Wiesenklee

Wie sein Name schon sagt, wächst dieser Klee auf Wiesen und Weiden. Er dient als Viehfutter, ist also eine Futterpflanze. Du musst seine Blüten sehr stark pressen, um sie richtig flach zu bekommen.

Blüht den ganzen Sommer.

Margerite

Sie ist die klassische Wiesenblume. Wegen ihrer schönen Blüten mit vielen weißen Blütenblättern wird sie sehr geschätzt; ihr Geruch ist dagegen nicht sehr angenehm.

Blüht den ganzen Sommer.

Farne

Diese blütenlosen Pflanzen mögen gern das Unterholz. Ihre Blätter sind zunächst zusammengerollt und entfalten sich dann langsam. Diese großen, fein gegliederten Blätter sitzen auf unterirdischen Stängeln, die man Wurzelstock nennt.

... im Wald

Natürlich siehst du hier vor allem viele große Bäume, aber auch zahlreiche andere Pflanzen: Büsche, Sträucher, Farne, Moos und Unkraut. Im Wald muss man nicht weit laufen, um eine Menge interessanter Gewächse zu finden.

Buche

Nimm für dein Herbarium keine Buchenblätter, die du im Frühling gesammelt hast. Sie verderben schnell. Die Winterzweige mit den charakteristischen spitzen Knospen sind dagegen sehr interessant.

Im Sommer und Herbst belaubt.

Roter Fingerhut

Der Rote Fingerhut ist stark giftig. Er ist auch heute noch Bestandteil von Arzneimitteln (Herzmittel), außerdem wird er als Zierpflanze in unseren Gärten angebaut.

Blüht von Juni bis August.

... am Wasser

Hier findet sich eine besonders üppige Vegetation. Da es die Pflanzen stets schön feucht haben, wachsen sie sehr schnell. Am Ufer von Bächen und Teichen kannst du viele seltene Pflanzen sammeln. Aber Vorsicht, fall nicht ins Wasser!

Moose

An Baumstümpfen und Wurzeln, auf großen Steinen oder einfach auf dem Boden entwickeln sich Moose – sofern sie genug Feuchtigkeit bekommen. Die verschiedenen Moose kannst du zwar sammeln, beim Trocknen verschrumpeln sie aber meistens. Besser ist es also, Moose zu fotografieren.

Kann man das ganze Jahr über sammeln.

Silberweide

Bei Frühlingsbeginn tragen die biegsamen Zweige der Silberweide Blütenstände in Form von hübschen seidigen Kätzchen. Bei anderen Weiden, die früher blühen, kannst du sie schon gegen Ende des Winters pflücken und daraus schöne Sträuße machen.

Silberweide
← 15 m →

Narzisse
← 30 cm →

Narzisse

Die Narzisse mit ihren einzelnen, leicht hängenden Blüten wird zuweilen mit der Jonquille verwechselt. Die Narzisse wächst aber auf Feuchtwiesen, während man die Jonquille im Wald findet.

Blüht im Frühjahr.

Thymian

Dieser Busch ist als Gewürzpflanze sehr bekannt, aber auch wegen seiner guten Eigenschaften als Heilpflanze. Die Blüten sitzen am Ende der kurzen Zweige.

Blüht im Sommer.

... im Süden

Im Süden sind die Sommer wärmer und es regnet weniger häufig. Um sich vor Sonne und Trockenheit zu schützen, entwickeln die Pflanzen in diesen Regionen ihre Eigenarten: wenig Laub, stachelige, behaarte oder mit einer lederartigen Schutzschicht überzogene Blätter.

Rosmarin

Rosmarinblüten, deren unterer Teil lippenförmig ist, kann man fast das ganze Jahr über sehen. Die schmalen länglichen Blätter sind gegenständig angeordnet.

Feige

Mit ihren hervortretenden Blattadern und ihrer großlappigen Silhouette wirken die Blätter des Feigenbaums sehr reizvoll. Beim Trocknen werden sie allerdings oft dunkler.

Blütezeit ist der Sommer.

Mimose

Dieser Zierbaum stammt von der Südhalbkugel und kündigt mit seinen herrlichen Blüten den Frühling an. Seine Blätter sind doppelt gefiedert.

Blüht gegen Ende des Winters.

... in den Bergen

Sobald im Frühjahr der Schnee schmilzt, beeilen sich die Pflanzen zu wachsen und zu blühen, denn im Gebirge dauert der Sommer nicht lange. Bei einem Ausflug in die Berge wirst du über die Pflanzenvielfalt erstaunt sein.

Heidekräuter

Heidekraut und Erika sind weit verbreitete Sträucher, die auf magerem Boden gedeihen und dichte Teppiche bilden. In den Bergen gibt es die Schneeheide *(Erica herbacea)*, die sich dadurch auszeichnet, dass sie im Winter blüht.

Tanne

Dieser große Nadelbaum bedeckt die Berghänge bis in 2000 m Höhe mit dunklem Hochwald. Seine immergrünen Nadeln sind in zwei flachen Reihen am Zweig angeordnet. Unversehrte Tannenzapfen findet man selten, weil sie am Baum auseinander fallen, wenn sie reif sind.

Orangerotes Habichtskraut

Das Orangerote Habichtskraut ist eine Rosettenpflanze mit haarigen Blättern und Stängel, sie bildet Ausläufer.
Sie wächst auf Magerrasen und Weiden.

Blüht von Juni bis August.

Nüsse

Entnimm den Kern und fülle die Schale mit Gips.

Eichel

Buchecker

Kastanie

Haselnuss

Walnuss

Nuss des Amerikanischen Nussbaums

Früchte, Zapfen und Samen

Angefangen bei großen Bäumen bis hin zu Wiesenkräutern bringen die meisten Pflanzen Samen hervor. Die Samen einiger Pflanzen sind in Früchten eingeschlossen; bei anderen Pflanzen, wie z. B. den Nadelhölzern, sitzen die Samen in Zapfen, die man allgemein Tannenzapfen nennt.

Kleine Früchte

Lass sie einfach trocknen und bewahre sie so auf, dass sie nicht zerdrückt werden.

Früchte mit dickem Fruchtfleisch

Lackiere die Schale, halbiere sie, entferne Fruchtfleisch und Kerne und behalte nur die Haut. Um die Form der Frucht wiederherzustellen, fülle die Schale mit Fensterkitt, der beim Trocknen aushärtet.

Zapfen

Das Konservieren von Zapfen erfordert weder komplizierte Vorbereitung noch besondere Vorsicht. Um Platz zu sparen, kannst du sie mit einer Laubsäge in zwei Hälften teilen.

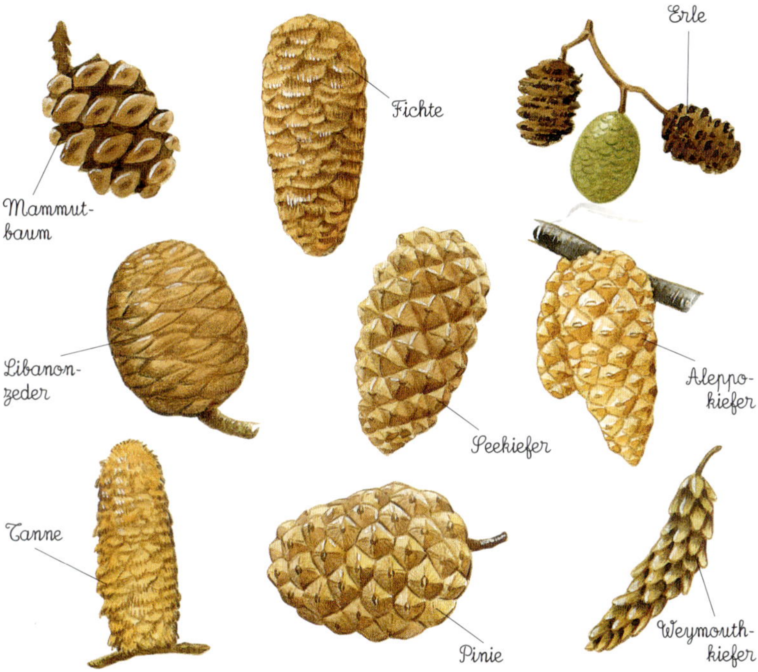

Samen

Zum Haltbarmachen der Samen muss man die Häute nicht entfernen. Stattdessen lässt man sie ausgebreitet in der Nähe einer Heizung gründlich trocknen.

Tanne (1), Ahorn (2), Esche (3), Stiefmütterchen (4), Löwenzahn (5), Lampionpflanze (6), Olive (7), Schlüsselblume (8), Kirschbaum (9), Fichte (10), Seekiefer (11), Atlaszeder (12), Föhre (13), Schwarzkiefer (14).

Wie Rinde präpariert wird

Reinige die Unterseite der Rinde von Holzresten, die faulen könnten.

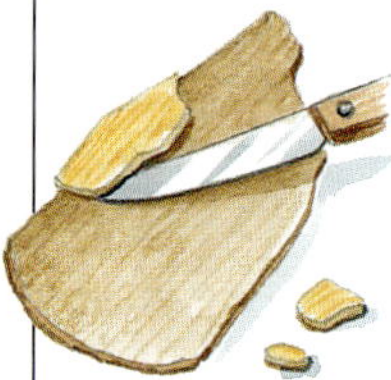

Lege dein Sammelstück 30 Minuten lang auf einen Topf mit kochendem Wasser. Dadurch wird die Rinde weich gemacht, versteckte Insekten werden abgetötet.

Presse das Rindenstück mit Gewichten mehrere Tage lang. Sobald es trocken und flach ist, musst du es nur noch mit Holzleim und Nägeln auf einem Stück Sperrholz befestigen.

Eine Rindensammlung

Zugegeben, eine ungewöhnliche Kollektion! Doch mit ihrer Hilfe lernst du Bäume besonders im Winter leichter zu erkennen. Entferne nie Rinde von einem lebendigen Baum: Dadurch fügst du ihm eine schwere Verletzung zu! Um deine Sammlung zu vergrößern, nimm einfach Rindenstücke, die vom Baum heruntergefallen sind, oder löse sie von Holzstößen oder gefällten Stämmen.

Korkeiche ▶

Sie hat eine sehr dicke Rinde, aus der Flaschenkorken gemacht werden.

◀ Birke

Sie hat eine dünne weiße Rinde mit unregelmäßigen schwarzen Streifen.

Kirschbaum ▶

Seine Rinde lässt sich in Querstreifen ablösen.

◀ Platane

Ihre Rinde ist aus abgerundeten Scheibchen zusammengesetzt.

Fichte ▶

Ihre Rinde besteht aus kleinen braunen Schuppen.

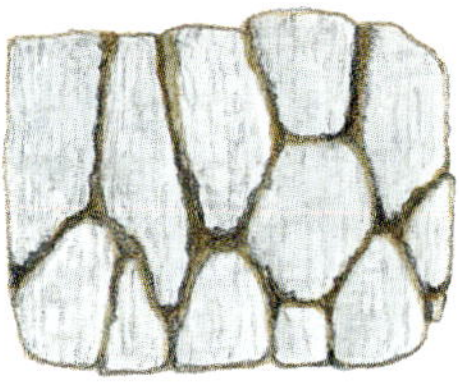

Weißbuche ►

Sie hat eine ziemlich dünne glatte Rinde.

Robinie ►

Ihre Rinde hat tiefe Risse und riecht nach Bohnen.

Mammutbaum ►

Er hat eine weiche Rinde, in die du mit der Faust boxen kannst, ohne dir wehzutun; deshalb nennt man ihn auch »Boxer-Baum«.

◄ Tanne

Ihre Rinde setzt sich aus silbergrauen Plättchen zusammen.

◄ Haselnussstrauch

Seine Rinde lässt sich von einem frisch geschnittenen Ast leicht entfernen.

◄ Eukalyptus

Seine Rinde löst sich in langen Streifen vom Baum.

◄ Linde

Unter ihrer Rinde liegen lange Fasern, aus denen man früher Seile gedreht hat.

Bucheinband aus Rinde

❶ *Mache aus Birkenrinde hauchdünne Streifen, indem du sie mit einem Messer halbierst.*

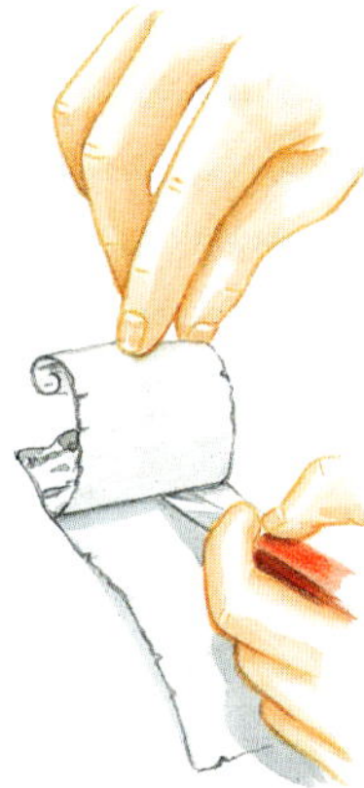

❷ *Nun kannst du die Streifen mit Klebstoff auf einen Buchdeckel kleben – das sieht schön aus. Du kannst den Buchtitel mit einem Füller direkt auf die Rinde schreiben.*

Nicht zu vergessen: Algen

Ferien am Meer – deine Chance, um eine Algensammlung anzulegen! Zwei Möglichkeiten gibt es, um die Wassergewächse zu ernten: Entweder sammelst du Algen ein, die an den Strand gespült wurden, oder du holst sie dir aus dem Wasser. Für den Transport gibst du sie mit etwas Meerwasser in eine Plastiktüte, die du gut verschließt.

Meersalat

Diese Alge kommt an den Küsten sehr häufig vor, besonders im Sommer. Sie wächst auf Felsen im eher flachen Wasser, weil sie sehr viel Licht braucht.

Meersalat
← 20 cm →

Laminaria

Diese große braune Alge kann 5 Jahre alt werden und ist nicht leicht zu finden. An der Atlantikküste klammert sie sich im tiefen Wasser fest. Aus ihrem Schaft wachsen lange schmale Blätter in der Form von Händen.

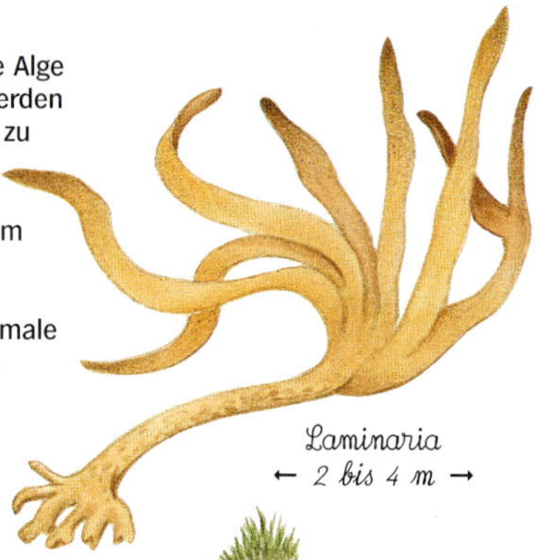

Laminaria
← 2 bis 4 m →

Seetang

Er heißt auch Seegras und wird von Fischhändlern gern zur Dekoration ihrer Auslagen verwendet. Er hat längliche Blätter, auf denen kleine, mit Luft gefüllte Säckchen sitzen, die es ihm ermöglichen, auf dem Wasser zu treiben.

Seetang
← 90 cm →

Armleuchteralge
← 10 bis 15 cm →

Armleuchteralge

Diese kleine Alge kommt an den sandigen Ufern des Atlantiks und des Mittelmeeres vor. Sie besteht aus Fadenbüscheln, die sich ständig im Wasser wiegen.

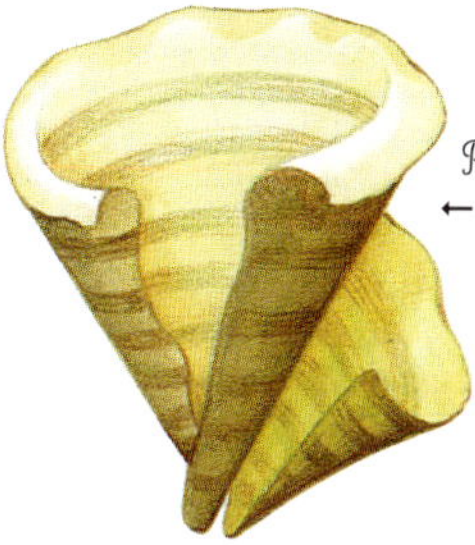

Pfauenschwanz

In ruhigen Gewässern des Atlantiks und des Mittelmeeres bilden diese Algen breite Teppiche. Den Namen hat die Alge wegen ihrer ungewöhnlichen Fächerform mit gebogenen Rändern.

Cystoseira

Die unzähligen Verästelungen der Cystoseira fühlen sich rau an und sind mit winzigen, luftgefüllten Schwimmkörpern übersät. Diese Alge verliert ihre schöne bläuliche Färbung, sobald man sie aus dem Wasser nimmt.

Sagittaria

Obwohl sie unter Wasser wächst, ist die Sagittaria eigentlich keine Alge. Sie ist eine Pflanze mit Wurzeln, Stiel, Blättern und sogar Blüten.
Im Mittelmeer bilden die Sagittarien Unterwasser-Wiesen, die oft von Ankern zerstört werden.

Wie man eine schöne Algensammlung anlegt

Du brauchst einen flachen Behälter, den du mit Meer- oder Leitungswasser und einer Hand voll grobem Salz füllst. Dann legst du ein möglichst unversehrtes Algen-Exemplar hinein.

❶ *Schiebe vorsichtig einen Bogen sehr glatten Zeichenkarton unter die Alge. Breite die Alge behutsam auf dem Karton aus und hole sie aus dem Wasser.*

❷ *Lege dünnen Stoff, zum Beispiel ein Stück eines Nylonstrumpfs, über die Alge. Jetzt musst du das Ganze nur noch zwischen Lösch- oder Zeitungspapier in die Presse legen und dieses Papier täglich auswechseln.*

❸ *Nach dem Trocknen haften die meisten Algen von selbst am Papier – also ist kein Kleber nötig.*

Blumenwiese

Bilde eine bestimmte Vegetation, zum Beispiel die einer Wiese, mit allen Pflanzen nach, die sich dort befinden. Beginne im Hintergrund mit den großen Pflanzen und höre vorne mit den kleinsten auf.

❶ Aufrechte Trespe
❷ Buddleia
❸ Eichenblatt
❹ Kleeblatt

Dekorationsideen

Sind sämtliche Blumen und Blätter gepresst und gut getrocknet, kannst du daraus alle möglichen Schmuckgegenstände basteln. Du brauchst Tipps, wie du sie pfiffig arrangierst? Voilà, hier einige Anregungen:

Geblümte Schachteln

Überziehe den Deckel einer Schachtel mit farblosem Lack. Dann legst du sofort die Blüten oder Blätter dorthin, wo du sie haben willst. Sobald die erste Lackschicht getrocknet ist, trägst du eine zweite und schließlich noch eine dritte auf.

Kerzen mit Blumen

Mit einem Haarfön erwärmst du die Oberfläche der Kerze, ohne das Wachs zu schmelzen. Drücke die getrocknete Blume mit einem Kochlöffel behutsam in das weiche Wachs. Sobald es erkaltet, kleben die Blumen auf der Kerze.

Bezaubernde Lichtspiele

Um Pflanzen transparent erscheinen zu lassen, kann man sie auf einem Lampenschirm anbringen – das ist aber sehr kompliziert. Du kannst sie auch einfach an einem Nylonfaden im Lampenschirm aufhängen. Achte dann darauf, dass sie die Glühbirne nicht berühren.

Blumenvasen mit Schliff

Mit etwas Klebstoff befestigst du die Blüten und Blätter zunächst provisorisch auf der Vase. Dann überziehst du das Ganze mit transparenter Klebefolie. Pass auf, dass keine Luftbläschen entstehen.

Schöne Lesezeichen

Das funktioniert genauso wie das Verzieren von Vasen. Allerdings solltest du die Klarsichtfolie etwas größer als das Papier zuschneiden, damit du sie nach hinten umklappen kannst.

Kunstwerk im Rahmen

Aus getrockneten Blumen kannst du auch ein Bild gestalten, indem du sie auf Tonkarton arrangierst und dann hinter Glas rahmst. Künstlerische Ideen, Motive nach Vorbild oder Fantasieentwürfe – alles ist erlaubt. Hauptsache, die verwendeten Pflanzen sind nicht allzu dick.

Sträuße und Kränze

Trockensträuße oder -kränze bindet man aus getrockneten, aber nicht gepressten Blumen. Mit Blüten, Früchten oder Gewürzen lassen sich schöne Kompositionen bilden. Dabei solltest du dich für Pflanzen und Farben entscheiden, die der jeweiligen Jahreszeit entsprechen. Sie bewahren lange ihre Schönheit. Und man muss sie nicht gießen!

Frühlingsstrauß

Winter, ade! Hier ein paar Vorschläge, aus welchen Blumen du einen Frühlingsstrauß zusammenstellen kannst: Schafgarbe, Rittersporn, Hortensie, Goldrute, Butterblume, Mimose, Hyazinthe, Stiefmütterchen, Veilchen, Narzisse, Schneerose ...

Sommerhut

Endlich Sommer! Diese Blumen und Kräuter eignen sich zur Verzierung deines Strohhuts: Beifuß, Salbei, Tausendschön, Kornblume, Schafgarbe, Lavendel, Pfingstrose, Rose, Rittersporn, Thymian, Majoran, Kamille ...

Herbstlicher Korb oder Strauß

Im Herbst gibt es nur noch wenige Blumen, aber reichlich Früchte und Samen, mit denen du dekorieren kannst: Gänsefuß, Hirsegras, Farne, Mohn, Weizen, Schwarzkümmel, Hafer, Tannen-, Fichten- und Lärchenzapfen, Elfenspiegel, Wiesentrespe ...

Kränze und Girlanden für den Winter

Weihnachten steht vor der Tür. Aus folgenden Pflanzen kannst du einen Kranz für die Haustür machen: Efeu, Erika, Blätter der immergrünen Eiche, Nüsse, Stechpalme, Buchsbaum ...

Wie hält denn das?

Damit die Trockengestecke Halt haben, brauchst du folgendes Material:

- Blumendraht, um die Stiele zu stützen

- Steckschaum, den man in Töpfe oder Körbe legt, um die Stängel oder den Draht darin zu befestigen

- Feines Drahtnetz, um Girlanden oder Kränze in Form zu bringen

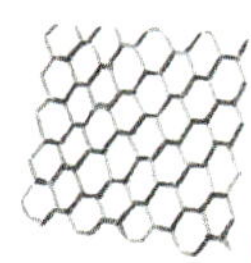

- Strohhalme oder Weidenzweige zum Flechten von Kränzen

- Bänder und Bastschleifen für die Sträuße

So fängt man Düfte ein

Außer duftenden Blüten und Pflanzen kannst du ebenso Früchte, Schalestückchen oder Rinde und Gewürze wie Pfeffer, Muskatnuss, Nelken oder Zimt verwenden. Gib die Mischung mit 2 oder 3 Tropfen ätherischem Öl in ein luftdicht verschließbares Glas. Jetzt musst du nur noch 2 bis 3 Wochen Geduld haben ...

Duftende Potpourris

Rosenblüten, Mimosen, Estragon, Orangen- oder Zitronenschale, Gewürze, Zapfen – es bleibt dir überlassen, für welche Mischung aus Duft, Geschmack und Farbe du dich entscheidest. Alles, was du für ein Potpourri brauchst, kannst du im Garten, im Blumengeschäft oder beim Feinkosthändler finden.

Wildes Geißblatt

Das Geißblatt sucht sich einen Halt, zum Beispiel an einem jungen Baum, und klettert daran bis zu 6 m hoch. In der Dämmerung verströmen seine Blüten einen betörenden Duft. Es gibt zahlreiche Züchtungen dieser Pflanze.

Blütezeit Sommer.

Geissblatt
← 6 m →

Duftwicken

Ihre Größe variiert – je nachdem, ob es sich um kriechende oder kletternde Arten handelt. Wie ihr Name sagt, erfüllen Duftwicken ihre Umgebung mit köstlichem Duft. Außerdem bekommen sie den ganzen Sommer über neue Blüten.

Duftwicken
← verschieden →

Estragon

In jedem Frühling wächst eine neue Pflanze aus einem vertrockneten Büschel. Die Blätter schmecken nach Anis und sind perfekte Begleiter für Salate oder Potpourris.

Blütezeit Sommer.

Estragon
← 70 cm →

Veilchen

Diese empfindliche Pflanze ist ein Frühlingsbote. Der Eingang zur Veilchenblüte ist von schmalen Streifen überzogen, die als »Landebahn« für Insekten dienen. Während das wilde Veilchen kaum riecht, duften die verschiedenen Zuchtformen sehr schön.

Blüht im Frühjahr.

Rosen

Die Gärtner haben eine Vielzahl verschiedener Rosen gezüchtet und so eine breite Palette an Farben, Formen und Düften geschaffen. Für Potpourris können auch einzelne Blütenblätter von Rosen getrocknet werden.

Blütezeit Sommer und Herbst.

Lavendel

Der Lavendel ist ein kleiner Zierstrauch, der gern im Blumengarten wächst. In der Provence wird er zur Gewinnung seiner Duftessenz angebaut. Alle Teile der Pflanze riechen nach Lavendel.

Blüht im Sommer.

Veilchen
← 20 cm →

Rose
← verschieden →

Lavendel
← 50 cm →

Echter Lorbeer

Wenn du an einem Lorbeerbusch vorbeigehst, riechst du nichts. Nimmst du aber eines seiner Blätter und reibst es zwischen den Fingern, erkennst du sofort den typischen Geruch, der aus der Küche kaum wegzudenken ist.

Immergrüne Blätter.

Lorbeer
← 8 m →

Kerbel
← 40 cm →

Kerbel

Dieses Gewürz – nicht zu verwechseln mit Petersilie – ist eine einjährige Pflanze, die auch wild vorkommt. Die aromatischen Blätter des Kerbels sind ebenso dekorativ wie seine Blüten.

Blütezeit Sommer und Herbst.

Mit den Augen essen

Artischocken, Sonnenblumen, Karottengrün, Petersilie, Knoblauch- und Zwiebelblüten – all das und vieles mehr wächst im Gemüsegarten und kann sehr dekorativ sein.

Pflanzen selbst ziehen

Willst du Blumen, die du trocknen möchtest, selbst ziehen, brauchst du nur ein paar Samen und ein sonniges Fleckchen im Garten, drei, vier Töpfe auf dem Balkon oder einfach einen Blumenkasten auf dem Fensterbrett. Dann ist alles nur noch eine Frage der Geduld und der guten Pflege.

Geranien

Sie eignen sich hervorragend als Topfpflanzen. Am Anfang solltest du eine Geranie beim Gärtner kaufen. Wenn der Sommer zu Ende geht, kannst du dann Ableger von dieser Geranie nehmen und sie so vermehren.

Blütezeit Sommer.

Strohblume oder Immortelle

Wie ihr Name (franz. *immortel = unsterblich*) sagt, hat diese Blume ein zweites Leben, wenn sie geschnitten wird. Säe sie von März bis Mai und ernte die Blüten von Juli bis Oktober, ehe sie sich vollständig geöffnet haben.

Jungfer im Grünen

Diese Blumen sind sehr pflegeleicht. Säe sie im April aus. Wenn die Pflänzchen zu nahe beieinander stehen, musst du sie auseinander pflanzen, damit sie genug Platz haben und sich entwickeln können.

Blüht im Sommer.

Silberling

Den Silberling muss man im Frühling säen und im Sommer verziehen. Erst einen Sommer später zeigen sich seine hübschen Früchte, die durchscheinend und perlmuttartig aussehen, wenn man ihre Schalen entfernt hat.

Silberling
← 1 m →

Salbei

Es gibt mehrere Salbeiarten, du solltest dich für den großen Gartensalbei *(Salvia officinalis)* entscheiden, der aus dem Mittelmeerraum stammt.
Er wächst an jedem sonnigen Platz. Salbei ist eigentlich eine Gewürzpflanze, zählt aber auch zu den Heilpflanzen.

Blütezeit Sommer.

Salbei
← 1 m →

Lampionpflanze

Wenn diese einjährige Pflanze genug Sonne bekommt, blüht sie im Sommer und trägt im Herbst Früchte: glänzende Kügelchen, die sich in kleinen Lampions verstecken.

Lampionpflanze
← 70 cm →

Fuchsschwanz

Diese Pflanze heißt so wegen ihrer dicken, hängenden Blütenähren. Der Amarant sollte von April bis Mai an einem sonnigen Platz gesät werden. Schneide seine Blüten vor dem Aufblühen, also eventuell schon im Juli.

Fuchsschwanz
← 80 cm →

Hortensie

Sie möchte nicht in der prallen Sonne stehen und du darfst nicht vergessen, sie reichlich zu gießen. Dafür dankt sie dir mit vielen schönen Blütenbällen, die sich lange halten.

Blüht im Sommer.

Hortensie
← 2 m →

Akelei

Die ausdauernde, wärmeliebende Pflanze kommt in lichten Gebüschen, Laubwäldern und Trockenrasen vor. Sie ist in fast ganz Europa verbreitet.

Akelei
← 30 bis 80 cm →

Leberblümchen

Der Name dieses Frühjahrsblühers (März–Mai) verweist auf die Ähnlichkeit der Blätter mit den Lappen einer Leber; früher wurde die Pflanze bei Leberleiden verordnet. Sie ist schwach giftig und kommt in Laubwäldern auf etwas feuchten und meist kalkhaltigen Böden vor allem im Gebirge vor.

Leberblümchen
← 10 bis 25 cm →

Pflücken verboten! Geschützte Pflanzen

Maiglöckchen

Dieses Liliengewächs blüht im Mai/Juni und setzt später rote Früchte an. Maiglöckchen findet man in fast ganz Europa (im Süden nur im Gebirge) in Wäldern sowie in den Gebirgen bis 2000 m. Diese stark giftige Pflanze ist heute noch eine Heilpflanze gegen Herzbeschwerden und wird in pflanzlichen Medikamenten verwendet.

Maiglöckchen
← 10 bis 25 cm →

Beinbrech/Moorlilie

Dieses Liliengewächs blüht von Juli bis August. Man findet es in Westeuropa (Nordwestdeutschland) in Heidemooren.

Beinbrech/Moorlilie
← 10 bis 30 cm →

Knabenkraut (Stattliches)

Dieser ausdauernde Knollengeophyt gehört zu den Orchideen und wächst in Gebirgswiesen und Halbtrockenrasen sowie lichten Laubmischwäldern in ganz Europa. Andere Knabenkräuter, die ihm sehr ähnlich sehen, wachsen auch in Feuchtwiesen oder Gebüschen.
Alle Orchideen sind geschützt!

Blütezeit: April–Juni.

Knabenkraut
← 15 bis 50 cm →

Märzenbecher

Dieser Frühjahrsblüher wächst in Gebüschen, Auen- und Schluchtwäldern sowie auf Wiesen und an Ufern. Er wird auch als Zierpflanze in Gärten angebaut. In freier Natur kommt er hauptsächlich in Mitteleuropa (südlich bis Mittelitalien) vor.

Märzenbecher
← 10 bis 30 cm →

Enzian

Es gibt viele Enzian-Arten. Meist haben sie blaue Blüten, wachsen im Gebirge und werden kaum höher als 20 cm. Alle Arten sind geschützt. Abgebildet ist der Frühlings-Enzian. Er wächst in Kalk-Magerrasen und Flachmooren im Alpenraum und in den Gebirgen Süd- und Mitteleuropas.

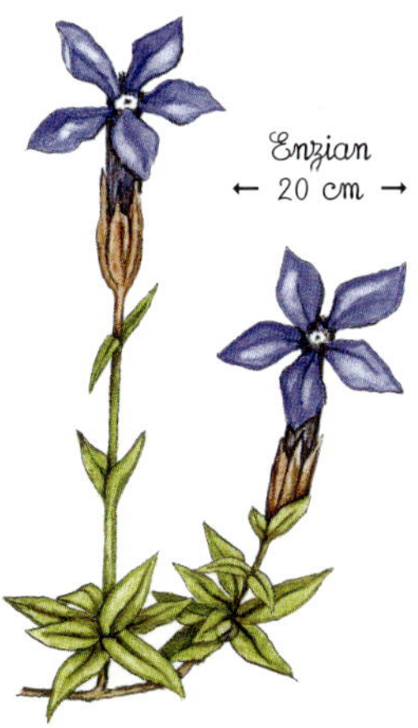

Enzian
← 20 cm →

Karthäuser-Nelke

Karthäuser-Nelken wachsen auf Kalk-Magerrasen und an sonnigen Waldrändern in Mitteleuropa. Sie gehören zu den Nelkengewächsen. Sehr ähnlich ist auch die Heide-Nelke; sie trägt weniger Blüten am Ende des Stängels und ist noch seltener.

Karthäuser-Nelke
← 15 bis 40 cm →

Küchenschelle
← 5 bis 40 cm →

Küchenschelle

Weich behaarter Frühjahrsblüher, der kaum in Heiden, Magerrasen und in Kiefernwäldern auf Kalk zu finden ist. In Deutschland ist diese mitteleuropäische Art selten geworden.

Stichwortverzeichnis

Welche Trockenmethode für welche Pflanze? (siehe Seite 6 bis 7)

- Trocknen mit **Glyzerin**
- Trocknen mit wenig **Wasser**
- Trocknen an der **Luft**
  - Blüte nach unten hängend
  - Blüte nach oben auf einem Gitter
- Trocknen mit der **Presse**
- Trocknen mit dem **Bügeleisen**
- Trocknen in der **Mikrowelle**
- Trocknen in **Sand**
- **Potpourri**

LISTE DER PFLANZEN	**Presse**	**Bügeleisen**	**Gitter**	**Hängend**	**Sand**	**Glyzerin**	**Wasser**	**Mikrowelle**	**Potpourri**
Ahorn/Platane	●								
Buche	●	●		●		●			
Eberwurz			●						
Efeu	●					●			
Erika	●					●	●		
Estragon	●			●					●
Farne	●					●			
Feigenblatt	●					●			
Flechten			●						●
Fuchsschwanz				●					
Geißblatt	●			●					●
Geranie	●			●					●
Hortensie	●			●	●	●	●	●	
Jungfer im Grünen	●			●				●	
Kerbel	●								
Klee	●								
Lampionpflanze				●					
Lavendel	●			●					●
Lorbeer	●			●		●			●
Maiglöckchen	●								
Margerite	●				●				
Mimose	●					●	●		●
Mohn	●			●					
Moos			●						●
Narzisse	●			●	●				●
Rosmarin	●			●				●	●
Rose	●				●	●	●	●	●
Salbei	●			●				●	●
Schafgarbe	●	●		●			●	●	
Silberling	●			●					
Silberweide	●			●					
Strohblume				●				●	
Tanne	●			●					●
Thymian	●			●					●
Veilchen	●								●
Wicke				●					●

Die französische Originalausgabe dieses Werkes erschien
unter dem Titel »Herbiers et fleurs séchées« bei MILAN.

Aus dem Französischen von Anja Lazarowicz.

Illustrationen und Text auf Seite 28/29, S. 10 (Roter Fingerhut)
und S. 13 (Orangerotes Habichtskraut) von Rita Lüder.

Verlag und Autor weisen darauf hin, dass die Informationen in diesem Buch sorgfältig geprüft wurden. Eine Garantie für Schäden, die durch das Befolgen der Hinweise in diesem Werk auftreten, kann jedoch nicht übernommen werden.

1. Auflage 2003

Druck und Bindung: Sachsendruck, Plauen.

ISBN 3-401-45144-8